AF542053

LE CHAMP

DES

MARTYRS.

Cet Ouvrage se vend au profit de la souscription du Monument de Quiberon.

IMPRIMERIE DE LEFEBVRE,
rue de Bourbon, n. 11

LE CHAMP
DES
MARTYRS.

Par M. le Cte H. de S....

(Par le comte de Salmaisons, d'après Barbier)

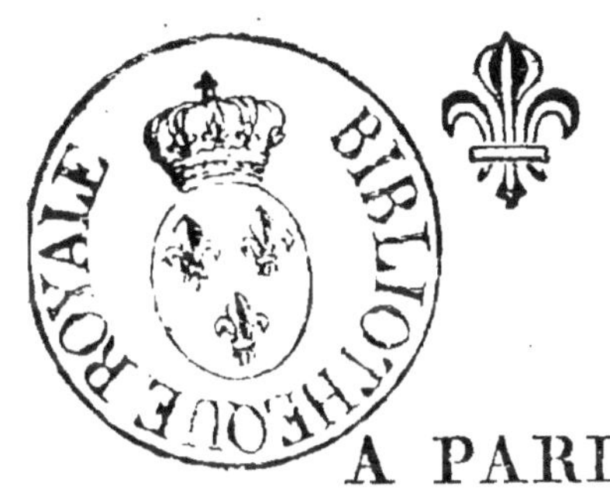

A PARIS,

CHEZ GOUJON, LIBRAIRE

DE LL. AA. RR. MADAME, DUCHESSE DE BERRY,

ET MADAME LA DUCHESSE D'ORLÉANS,

rue du Bac, n. 25.

1826.

AVIS.

Quelques amis qui me traitent, je le crains, avec beaucoup trop d'indulgence, m'ont assuré que cette Nouvelle, qui devait entrer comme épisode dans le récit d'un Voyage en Bretagne, pourrait être lue avec quelque intérêt. Ils ont pensé que le prix que l'Éditeur en pourrait retirer serait très-utilement employé au profit de la souscription du monument qu'on érige à la mémoire des héros de Quiberon. Je me suis prêté à leurs vues. Puis-je espérer quelque indulgence en faveur d'un tel motif?

PRÉFACE.

PEU de pays offrent autant d'intérêt au voyageur que le littoral de la Bretagne ; on ne trouve nulle part plus de souvenirs de dévoûment, de gloire et de malheurs.

Cette province fut presque toujours un vaste camp appartenant tour-à-tour aux différentes armées qui se disputaient ou ses positions militaires, ou sa souveraineté, ou son territoire. On y retrouve l'emplacement des tentes de César et du tyran Maxime, et de Chandos et de Duguesclin, et de Charles de Blois et de Jean de Montfort; et le chêne témoin du combat des *Trente*, et les places qu'au temps de la Ligue fortifia le duc de Mercœur, et celles qui lui résistèrent; et Carnac, souvenir des temps druidiques; et Quiberon, si malheureusement célèbre dans les tristes annales de cette révolution qui devrait n'avoir plus d'amis.

On rencontre partout, dans toutes les classes, dans tous les rangs, des hommes qui prouvèrent leur dévoûment et leur courage aux jours des dangers; dévoûment et courage qui n'ont jamais demandé compte des sacrifices. Les sacrifices ne sont rien, le roi seul est tout pour les Bretons. Leurs armes aujourd'hui sont appendues aux foyers de leurs chaumières. Ils s'en servent parfois pour aller à la chasse qu'ils aiment avec ardeur; mais si les mauvais temps revenaient.. ils iraient rejoindre leurs vieux chefs ; les royalistes bretons se leveraient comme un seul homme en disant : VIVE LE ROI! allons.

Ils doivent cette constante fidélité, ce courage infatigable, à leurs vieilles traditions, à leurs mœurs que le temps n'a pas changé. Il est dans leur caractère de porter impatiemment le joug, de repousser vivement l'insulte, et d'être bien plus irrités par la douleur que découragés.

On a souvent remarqué, dans les dernières affaires où ils se trouvèrent, et avant la restauration, et en 1815, que les blessures qu'ils recevaient, loin de les ralentir, les faisaient se précipiter en avant: aussi a-t-on vu plusieurs combats durer plus de cinq à six heures entre des troupes réglées et des paysans qui prenaient leur force et dans leur propre énergie et dans ce noble courage qui ne veut pas être vaincu ; cette énergie et ce courage prennent une nouvelle ſorce dans leur grande piété. L'épée est bien ſorte quand le soldat qui en est armé s'appuie sur la croix.

Je sais qu'on est surpris, et moi-même j'en suis toujours un peu étonné, de voir ces gens si braves ajouter foi à des superstitions bizarres, signes ordinaires d'une faiblesse peu compatible avec leur caractère. Il est très-vrai que j'ai vu maintes fois des paysans très-braves, l'ayant prouvé souvent, ne pas oser traverser un cimetière pendant la nuit; bien plus, ne pas oser aller seuls le soir avec un bâton à la main, pendant que durant les guerres ils s'exposaient sans réflexion, uniquement par le sentiment du devoir, à des dangers imminens. Aussi, combien est singulière la terreur qu'ils éprouvent! un enfant de sept ans, pour compagnon, suffit pour rassurer un vieux soldat breton couvert de cicatrices. Il est vrai que ce ne sont point des hommes qu'il redoute, mais c'est ou le revenant du cimetière, ou tel autre fantôme, souvent bien étrange, redouté dans le pays.

La piété des Bretons a aussi quelques points où, il faut en convenir, elle n'est pas très-éclairée, mais en général elle est vive, résignée, touchante; ils rendent un culte respecteux, attendrissant, aux parens qui ne sont plus. Les dimanches, en sortant de la messe ou de vêpres, on voit chaque famille se disperser sur les tombes rangées autour de l'église, s'agenouiller, dire le chapelet, jeter de l'eau bénite exposée ce jour-là sur différentes places du cimetière, se retirer en silence après s'être inclinée respectueusement et en faisant le signe de la croix comme un dernier adieu.

J'en ai souvent été le témoin avec une émotion que je ne puis rendre, mais particulièrement auprès de Morlaix, chez mon ami le comte de la F***. Son hospitalité si bien connue de tous les

Bretons m'avait retenu chez lui par toute son obligeance, par toute la séduction de l'amitié et le charme de l'esprit. Il m'avait fait voir les environs de Morlaix avec un intérêt nouveau. Il parle de la Bretagne comme on doit en parler, et sait la faire voir comme elle doit être vue. Je me souviendrai toujours de la procession du 15 août, autour de l'église de Ploujean, dont le clocher est d'une si élégante architecture ; dans ce cimetière entouré de si beaux arbres, au milieu de ces paysans si pieux envers Dieu, si respectueux pour celui qui leur fait du bien, et dont le vêtement paraît si pittoresque à ceux qui n'ont vu que les demi-messieurs des villages des environs de Paris. Nous suivions lentement cette procession sous un ciel chargé de nuages assez sombres; le vent faisait plier les hautes cîmes des arbres sous lesquels nous passions, et de chaque côté de notre route nous voyions les parens agenouillés sur la tombe de leurs pères. J'en ai été trop frappé pour n'en pas conserver le souvenir; j'ai toujours été fortement ému de cette piété pour les morts. Elle ramène à des idées auxquelles on ne prend pas assez garde dans un monde où l'on ne conduit jamais ses plus intimes amis, même ses plus proches parens, à leur dernière demeure. Cet hommage rendu aux parens est bien près de celui rendu à la divinité dont le père est l'image pour les fils, comme les rois pour les sujets. Aussi, dans les pays religieux, dans les pays d'antique foi, on a conservé, avec les traditions religieuses, et le respect pour les parens, et la fidélité et le dévoûment au roi : j'en prends à témoin la Bretagne et la Vendée.

Mais ce culte de la tombe est encore plus habituel près des lieux où sont déposés les restes des royalistes frappés dans nos guerres civiles. Je me rappellerai toute ma vie la naïveté avec laquelle une paysanne me répondit, lorsque je lui donnais ordre de planter un arbre à une placeoù j'ignoraisqu'unVendéen avait été enterré : *Monsieur, il y a là un pauvre Vendéen, cela le dérangerait.*

Lors de l'expédition de Quiberon, plusieurs des braves compagnons du chevalier de Tinténiac furent tués en combattant dans la forêt de Camor. Le combat eut lieu sous de vieux chênes aux pieds desquels leurs restes ont été ensevelis. Chaque paysan qui passe près des chênes, s'agenouille, prie, dépose, suivant l'usage du pays, une petite croix de bois en disant : *Reposez en paix.* La terre est jonchée de ces petites croix, et l'on n'y touche jamais.

Entre toutes ces places honorées par le souvenir, il est un lieu bien plus particulièrement encore consacré aux prières pour ceux qui ne sont plus.

Lors du massacre des émigrés à Quiberon, les paysans inhumèrent les victimes de cette horrible journée dans le champ même où ces barbares exécutions avaient eu lieu. Ils le nommèrent le *Champ des Martyrs*. Depuis la restauration, les restes sacrés ont été exhumés, puis déposés dans l'église de la chapelle de la Chartreuse d'Auray, en attendant le monument expiatoire qu'on érige aujourd'hui, et qui doit les recueillir. Il est resté long-temps un sillon de terre plus élevé à la place où les émigrés avaient été ensevelis d'abord.

Les jeunes mères, dont les enfans sont malades ou trop faibles, viennent au Champ des

Martyrs, se mettent à genoux sur cette place qui fut abreuvée d'un sang si pur, et traînent leurs enfans sur cette terre sacrée, pour que, la touchant, ils deviennent forts. Quel cœur glacé ne serait pas ému de cette religieuse et héroïque idée!

Maintenant des travaux considérables, entrepris pour le monument que l'on érige à Quiberon, ont bouleversé l'aspect du Champ des Martyrs, mais le sang et les souvenirs sont restés là: l'on y vient toujours!

Dernièrement, plusieurs personnes de ma connaissance avaient été visiter les ouvrages commencés. Ils s'étaient écartés loin du Champ des Martyrs, et se reposaient dans une place qui, le dominant, le laissait voir.

Un bon vieillard, dont les vêtemens annonçaient la pauvreté, arriva, se mit à genoux en différentes places, pria avec ferveur. Mes amis l'aperçurent, le suivirent des yeux, furent touchés de cet acte de piété et de royalisme tout ensemble. Une jeune femme de la société proposa de faire une quête et descendit porter quelques louis à ce bon vieillard : c'était une fortune. Il ne savait que pleurer, prier, sourire, dire : ô mon Dieu ! merci. Il se jeta à genoux (cette fois c'était en rendant grâce), puis il s'adressa en tremblant à celle qui lui avait remis la petite somme.

« Ne pourriez-vous ajouter à votre bienfait ?.... Ecrivez que c'est vous qui m'avez donné. — Pourquoi, bon homme ? —

On me connaît pourtant, mais on m'avait logé par charité cette nuit; j'étais pauvre... je deviens riche... écrivez. » La jeune femme écrivit bien vîte; le bon homme prit le papier, fit le signe de la croix et partit en pleurant.

Maintenant, je le répète, de nombreux travaux ont bouleversé le Champ des Martyrs. Je ne tairai pas quelques regrets sur ce changement; mais les os des braves n'y sont plus. Le temple s'élève, et la maison de prière sera convenablement entourée; et puis, comme je me plais à le répéter, le sang et le souvenir sont toujours là. Je défie le plus insensible de ne pas y trouver des émotions, et le plus mauvais reviendra meilleur du Champ des Martyrs.

Il n'était encore qu'un pélerinage lorsque j'écrivis cette Nouvelle. Elle renferme deux histoires que j'ai réunies en une seule. L'héroïsme de l'un, les malheurs des autres sont connus et vrais. Les temps sont changés depuis, et mon jeune Théodore pourra peut-être faire graver son inscription sur une des faces de la chapelle.

LE CHAMP DES MARTYRS.

En sortant d'Auray, et se dirigeant sur la route d'Hennebond, on trouve un chemin qui conduit à l'ancienne Chartreuse ; on en suit les murs et on arrive, en descendant un côteau assez rapide, à une prairie bordée d'un côté par un vaste marais, de l'autre par de hauts châtaigniers ; c'est là que furent fusillés un grand nombre des émigrés débarqués à Quiberon.

Un voyageur suivait cette route et passait près de ce lieu que le souvenir ensanglante encore; il fut arrêté dans sa marche par une grande foule de paysans qui couvraient le chemin; son imagination venait de lui retracer les scènes de désolation qui s'étaient passées dans le pays qu'il traversait, et son âme était remplie d'une tristesse profonde. Les chants funèbres qu'il entendit allèrent à son cœur. Un jeune homme marchait un peu séparé de la troupe religieuse; ses habits assez élégans étaient remarquables près de ceux des habitans du pays, et son air triste contrastait avec sa très-jeune figure. « Où allez-vous? lui dit le voyageur en s'approchant. — Nous allons là bas. — Comment? — Et oui, monsieur, dit-il avec quelque impatience et comme choqué de cette ignorance, à la place où ils furent fusillés. » L'étranger ôta respectueusement son chapeau, et, sans rien dire, se mit à suivre la procession.

C'était le soir d'une journée d'été; chaque paysan s'était rendu à la paroisse prochaine en quittant ses travaux; le curé du lieu les attendait à l'église champêtre, et vêtu de l'ornement de deuil, il avait suivi ses paroissiens, récitant avec eux les prières pour les morts. Ils arrivèrent à la prairie. Le curé se mit à genoux, dans un recueillement profond, et chacun se séparant en silence, alla s'agenouiller avec dévotion sur différentes inégalités (1) de terrain qui se trouvaient dans la prairie. Le jeune homme, dont les traits avaient fixé l'attention du voyageur, se prosterna quand il fut arrivé auprès d'un tertre de gazon, et

(1) Ces inégalités de terrain ont existé long-temps; elles n'ont disparu que depuis les travaux entrepris pour la chapelle qui va être érigée.

voyant celui-ci à genoux , à ses côtés, il lui dit, avec l'accent de la douleur : « C'est là qu'ils sont ! priez aussi pour eux. » Puis resta comme accablé sous le poids des souvenirs les plus déchirans ; ensuite se relevant : « Partons, monsieur, retournons près de M. le curé. » Chacun se remit en ordre. La bannière s'agitant donna le signal du départ, et la procession, dans le silence le plus profond et le plus religieux, retourna lentement au village. Tous se séparèrent, et le curé s'arrêtant sur les degrés qui montaient à l'église, dit à M. de Valcourt (c'était le nom du voyageur) : il est bien tard, monsieur; fatigué de votre route, la triste cérémonie dont vous venez d'être le religieux témoin, vous en a sans doute écarté, permettez-moi de vous offrir un asile. — Ah, monsieur! restez avec nous, dit avec instance le même jeune homme à qui il avait parlé; votre cœur nous a entendu, ah! de grâce, demeurez : et moi aussi, ajouta-t-il en versant quelques larmes, et moi aussi je suis resté. — Du courage, mon cher Théodore, reprit le pasteur en allant à lui; du courage, mon enfant. » Puis, s'approchant du voyageur, il lui dit à voix basse, en montrant Théodore : « La vue d'un étranger fera peut-être du bien à son cœur; restez.» Déterminé par une sorte de curiosité et par son attendrissement qui augmentait toujours, M. de Valcourt suivit le bon curé et Théodore dans leur demeure hospitalière. Le curé était un homme de soixante-dix ans; revenu dans sa paroisse après un long exil, il avait rapporté des pays étrangers plus d'usage qu'il n'en aurait eu naturellement dans sa paroisse, mais rien n'avait pu augmenter son ardente charité, son zèle désintéressé pour tous les malheureux. Il prodiguait les consolations au jeune Théodore, en même temps il avait pour M. de Valcourt ces attentions polies que doit obtenir un étranger. Celui-ci osait à peine proférer quelques mots; la douleur du jeune infortuné lui paraissait si profonde! Eh quelle voix assez douce, quand elle n'est pas celle d'un ami, peut être entendue par un homme désolé! Théodore paraissait sensible à l'attention discrète de M. de Valcourt, et, sur son visage où les traces d'une douleur profonde se voyaient si bien malgré sa jeunesse, on pouvait lire encore l'expression de sa reconnaissance intérieure. Après peu d'instans employés à ce premier examen toujours nécessaire entre étrangers, on servit le souper.

La cordialité du curé fit tous les frais du repas, et grâces à ses questions où régnait l'intérêt et non pas la curiosité, M. de Valcourt put faire connaître son nom, ses relations avec tous ceux qui jouissent d'une ancienne considération dans la province, et son existence d'officier supérieur à l'armée de Condé. « J'ai su, dit-il au curé, ne voulant pas s'adresser à Théodore, j'ai su tous les malheurs dont ce pays a été le théâtre; j'ai versé des larmes de sang; devant vous, M. le curé, je n'ose dire des larmes de rage, sur le sort de mes compatriotes. J'étais exposé aux mêmes dangers, si j'avais été fait prisonnier; mais, au milieu des combats, on ne songe guère à redouter la mort pour soi-même; et celle des infortunés que nous pleurons nous fit tous frémir. Quoi donc! disions-nous, faudra-t-il mourir sans les venger!... — Monsieur, reprit le bon curé, l'offrande de nos prières sera plus efficace, et ceux qui moururent en martyrs sans doute en seront plus satisfaits. Nous pardonnons, dirent-ils en expirant. »

Théodore se leva dans ce moment,

comme oppressé d'une idée plus pénible. « Bonsoir, M. le curé, dit-il affectueusement; et prenant la main de Valcourt, j'espère que je pourrai avoir l'honneur de vous voir demain avant votre départ : pardonnez si je vous quitte sitôt; mais cette journée a été pour moi bien douloureuse et bien fatigante. »

M. de Valcourt resta seul avec le vieux pasteur. Monsieur, lui dit-il, serais-je indiscret en vous demandant quel est cet intéressant jeune homme? Son existence, lui répondit le curé, fut attachée à celle de deux êtres que j'ai connus, et qui tous deux ont perdu la vie dans ces tristes contrées; long-temps faible roseau battu par la tempête, le pauvre Théodore a enfin retrouvé quelque fortune, mais on n'a pu lui rendre ceux qu'il doit pleurer toujours. C'est une histoire assez longue que vous me demandez, et je crois qu'elle pourra vous intéresser. Si rien ne vous presse, permettez-moi de la remettre à demain, accordez-moi un jour de plus. » M. de Valcourt y consentit sans peine. Le lendemain de bonne heure il descendit au jardin où il rencontra le curé. Monsieur, lui dit celui-ci, vous m'avez demandé hier l'histoire de Théodore, je vais profiter du temps de son absence pour vous la raconter, ou plutôt vous dire celle à laquelle elle est enchaînée.

» Avant la révolution j'habitais cette province où j'étais curé. M. de S***, seigneur de ma paroisse, avait deux fils de deux femmes différentes; le premier s'appelait Édouard, le second est ce Théodore que vous venez de voir. L'un déjà jeune quand l'autre ne faisait que naître, fut placé au service lorsque Théodore était au berceau. Le sentiment d'Édouard jeune homme pour ce faible enfant, fut celui d'une amitié protectrice dont les soins redoublèrent lorsque M. de S*** fut mort et que sa seconde femme, la mère de Théodore, eut suivi son époux dans la tombe. Édouard dès-lors conçut pour son frère un sentiment presque paternel ; et tous les devoirs touchans que le titre sacré de père peut imposer, il les remplit avec cette exactitude qu'eût pu lui prescrire la nature, s'il en eût eu véritablement les droits. Théodore croissait pour chérir son frère et pour le révérer. La révolution commençait, et Théodore ne pouvait prendre part à tout ce qui se passait.

Édouard de S*** était alors au service, et suivant l'exemple et l'opinion de ses camarades, il émigra comme eux. Mais, avant de quitter sa patrie, il m'écrivit de lui envoyer Théodore, qu'il laissait ordinairement avec moi lorsqu'il allait à son régiment. Je fus moi-même le conduire à Lille où il était en garnison, puis je revins dans ma paroisse jusqu'au moment où, banni de la France, je passai en Espagne. Hélas ! quand je quittai le malheureux Édouard, je ne sais quel pressentiment secret semblait me dire que je ne le reverrais jamais. Pendant le temps que je passai en pays étranger, il m'écrivit assez régulièrement et m'instruisit de sa position. Toutes nos premières espérances avaient été déçues; déjà des années de malheur s'étaient écoulées, Édouard m'avait toujours instruit des différentes positions où le sort le plaçait; enfin un jour il me manda que, placé dans un des régimens que l'Angleterre avait à sa solde, il avait rencontré une jeune personne charmante dont le nom égal au sien, la figure agréable, les talens et les vertus ne laissaient rien à désirer. « Ses » parens, ajouta-t-il, sont maintenant » en Angleterre. Ils l'avaient laissée

» près d'une vieille tante qu'elle soi-
» gnait, chez qui je l'ai connue et
» qui vient de mourir. Ils la rappel-
» lent et j'attends avec impatience
» le moment de passer moi-même
» en Angleterre pour l'épouser. Ses
» parens exigent que le mariage ne
» se fasse que dans ce pays. Mon
» cher curé, ajoutait-il, vous ne se-
» rez point étonné que j'aie confié
» mon frère à celle à qui je vais con-
» fier la destinée de ma vie. Elle m'a
» promis pour lui toute la tendresse
» d'une mère, et son cœur, toujours
» d'accord avec le mien, sera fidèle
» à l'engagement qu'elle a pris.

» L'état précaire que nous avons
» sur le continent, les dangers tou-
» jours renaissans qui nous entou-
» rent, ne me permettent plus de
» garder avec moi un enfant de dix
» ans, et l'Angleterre me paraît la
» retraite la plus sûre. Mademoiselle
» de V*** se charge d'y conduire
» mon Théodore, de le garder près
» d'elle. — Édouard, m'a-t-elle dit
» en partant, votre Théodore sera
» toujours le mien et je jure au frère
» de mon ami un attachement que
» j'emporterai au tombeau. » — Dans une autre lettre encore il me disait : « J'ai reçu une lettre de ma

» Pauline. Elle m'assure que Théo-
» dore est charmant; qu'elle l'aime
» à la folie, puis elle me parle de
» mon retour. Mon respectable
» ami, je ne sais pourquoi mon cœur
» se brise, mais il me semble que je
» suis séparé d'elle à jamais; pour-
» tant on nous annonce que nous
» allons passer en Angleterre. Oh !
» combien je le désire ! combien il
» me tarde de revoir Théodore et de
» m'unir à celle qui m'est si chère !
» Son amitié pour mon frère redou-
» ble encore, s'il est possible, ma
» tendresse pour elle. »

« J'étais toujours en Espagne, et j'y

reçus peu de temps après une lettre de mademoiselle Pauline de V*** où elle me mandait que, chargée du soin de Théodore et destinée à être l'épouse de son frère, elle se faisait un bonheur de me dire de leurs nouvelles; que Théodore faisait beaucoup de progrès et que l'ordre de passer en Angleterre venait d'être expédié au régiment où servait Édouard. Elle y ajoutait beaucoup d'instances pour venir les rejoindre dans ce pays, où elle pourrait m'être de quelqu'utilité, et elle me demandait en récompense de veiller à l'éducation de Théodore. Je ne pus me rendre à l'invitation touchante de mademoiselle de V***. La triste position pécuniaire d'un prêtre déporté me défendait ce trajet, qui m'aurait ôté une existence certaine que j'avais trouvée dans une maison espagnole dont j'étais aumônier. Je savais qu'en Angleterre je pourrais être à charge à mes généreux hôtes. Aller y réclamer les secours donnés par les Anglais à mes compagnons d'infortune, me paraissait une espèce de larcin, puisque, dans une autre contrée, j'avais une existence, sinon agréable, du moins assurée. Je restai donc malgré les vœux de mon cœur, et j'expliquai à mademoiselle de V***, les motifs qui me retenaient. Une lettre d'Edouard croisa la mienne. Je l'ai gardée. Elle m'est bien chère, puisqu'elle fut le témoignage de son amitié. Une autre de lui (hélas! ce fut la dernière) me reste encore, et ces deux écrits sont le seul monument que j'aie conservé de l'homme le plus aimable et le plus aimé. Voici cette première lettre: lisez, monsieur, et voyez si j'exagère en vantant mon jeune ami.

Londres, le

« Mon excellent ami,

» Enfin je l'ai franchi cet espace qui

» me séparait d'une grande partie de
» ce qui m'est cher ! Je suis enfin en
» Angleterre, j'ai revu mon Théo-
» dore et je suis près de ma Pauline.
» Je ne vous parlerai pas du sentiment
» qui m'attache à elle, ou j'en tairai
» une partie ; je ne vous parlerai que
» de la nécessité de l'aimer. En effet,
» mon ami, comment pourrais-je ré-
» sister à cette tendresse naïve, à cet
» abandon si pur, à cette confiance
» si désintéressée qu'elle me té-
» moigne ? comment pourrais-je ne
» pas reconnaître les soins touchans
» qu'elle prodigue à mon frère ? Si
» vous voyiez, mon ami, avec quelle

» adroite surveillance elle fixe cet » enfant ! l'œil clairvoyant d'une » mère s'y méprendrait sans doute, » et sans son visage de dix-huit ans » elle aurait à juste titre tous les » honneurs de la maternité. Hier, » quand je lui rendais grâces des » soins qu'elle prenait avec tant » d'intérêt, Edouard, me répondit- » elle, n'est-ce pas encore vous ?

» Demain, mon ami, l'existence » de Pauline et la mienne seront » confondues pour la vie : demain » elle portera mon nom; demain » j'aurai le droit de lui offrir le prix » de mes travaux, de chercher à

» embellir sa vie, et, malgré les hor-
» reurs de l'exil, d'ajouter quelques
» jours de bonheur à ceux qui lui
» sont départis; car, je n'en doute
» pas, ma Pauline est heureuse de
» son choix, et je veux employer ma
» vie à le justifier.

» Dans la carrière que je parcours
» on trouve toujours moyen d'exister
» pour soi, aussi c'est dans les mains
» de Pauline que je vais déposer quel-
» ques économies de més parens et les
» diamans de ma mère: ils lui offri-
» ront une ressource si ma destinée
» m'entraîne loin d'elle; et cette sup-
» position, mon ami, est bien près de

» la réalité, autant que je puis le
» croire. On parle d'embarquer beau-
» coup de troupes pour aller sur les
» côtes de France ; déjà l'on cite les
» régimens qui partiront, et l'on as-
» sure que le mien est nommé. Je
» ne veux point m'occuper de ce qui
» doit m'arriver par la suite, car je
» pense que tout proscrit qui veut
» calculer l'avenir court deux fois les
» chances de l'infortune, celle de la
» prévoir sans pouvoir y apporter re-
» mède, et celle de la voir arriver.
» Le présent, ou cet avenir si pro-
» chain qu'il tient du présent, voilà
» la seule époque sur laquelle on

» puisse fixer ses regards. Le présent
» m'appartient, et en consacrant de-
» main mon existence future à Pau-
» line, je veux ignorer quelle peut
» être la durée d'un tel bonheur.
» J'ai suivi constamment la carrière
» des armes : ma route est donc tra-
» cée. Quel que soit son but, il faut
» y arriver. Puisse-t-elle se prolon-
» ger, mon ami, puisque désormais
» ma vie va être heureuse, puisque
» le bonheur de ma Pauline va sans
» doute en dépendre ! Au moment
» d'obtenir celle qui m'est chère, il
» m'est permis de craindre d'en être
» séparé. Cette idée m'effraie, j'en

» conviens. Vis-à-vis de tout autre » que vous, mon digne ami, je rou- » girais de ma faiblesse; mais vous, » l'ami de mon enfance, l'ami de » tous les miens, je suis sûr que vous » la trouverez naturelle; elle ne » m'empêchera jamais de suivre les » lois que me prescrira l'honneur, et » dussé-je, navré de regrets, être » obligé d'aller combattre loin d'elle, » j'irai sans doute m'exposer à tous » les dangers plutôt que de m'écar- » ter de cette route sacrée. Je ne » sais, au reste, pourquoi je me laisse » aller à ces pressentimens qui m'af- » fligent et me troublent. Je vous ai

» dit ce qui m'inquiète, mon ami ;
» je vais éloigner toutes ces tristes
» idées et me livrer tout entier à celle
» du bonheur dont je jouirai demain.
» Adieu, mon ami, adieu ; faites des
» vœux pour la durée de ce bonheur, pour celui de ma Pauline.
» Elle se joint à moi pour réclamer
» votre intérêt ; vous l'en trouverez
» digne. Théodore et moi vous aimons de la plus tendre et la plus
» constante amitié. »

» Bientôt, poursuivit le curé, j'appris la réalité de la nouvelle de l'embarquement dont me parlait Édouard. Les papiers publics nous firent connaître le sort des infortunés qui composaient cette fatale expédition. Je reçus une lettre de la malheureuse Pauline, qui m'annonçait le départ de son époux. Elle était au désespoir, et pourtant ne savait pas encore son malheur.

» La certitude que mon jeune ami était en France, l'espoir que peut-être il avait échappé aux fers des bourreaux, le désir de lui être utile, au moins de savoir son sort, tout me décida à revenir dans ma patrie. Sous un nom supposé j'obtins un passe-port dans un petit village des Pyrénées. Vêtu comme un simple artisan, je traversai la France, et enfin j'arrivai à Vannes. Chacun parlait tout bas de la catastrophe sanglante qui venait de s'y passer. Mon cœur était déchiré en traversant ces malheureuses contrées. A force de soins je vins à bout de parler à un de mes anciens amis qui me donna la certitude qu'Édouard n'était pas du nombre des émigrés fusillés à Vannes. Mon cœur éprouva non l'espérance mais une vive émotion, et cette incertitude vint, si ce n'est me calmer, au moins me laisser respirer avec un peu plus de liberté. En poursuivant mes recherches, j'arrivai à Auray, et fus aussitôt chez un habitant avec lequel j'avais fait mes études, que j'avais perdu de vue depuis long-temps et qui pourtant m'offrit un asile. J'entrai chez lui en frémissant; un secret et funeste pressentiment était revenu dans mon âme. J'osais à peine faire des questions. J'avais traversé la France, j'avais bravé tous les dangers pour être instruit du sort d'Édouard.... et j'aurais voulu pourtant ne pas le demander.

» Enfin mon vieil ami s'adressa à moi en soupirant : « Ah! me dit-il, de quelles horreurs nous venons d'être témoins ! Que de malheureux ! Leur courage héroïque a étonné les bourreaux sans pouvoir les attendrir.» Je l'interrompis alors en demandant si l'on savait les noms de ces infortunés. Il m'en cita un grand nombre. Je tremblai, j'hésitai encore, et cette phrase terrible m'échappa enfin: « Vous n'avez pas entendu parler d'Edouard de S***? » A ce nom, il réfléchit un instant. « J'en ai quelque idée confuse, me dit-il. Il me semble qu'un jeune officier de ce nom fut reçu chez un habitant de la ville. Je pourrais le lui demander si vous voulez.... — Ne perdons pas un instant, courons. » Nous allâmes aussitôt chez celui qu'il m'avait désigné. Quand il entendit nommer Édouard, son visage se couvrit de larmes; il s'écria : « Vous l'avez donc connu ce jeune infortuné ? » Ces mots me dirent tout ce que je pouvais craindre. Hélas ! je n'avais plus rien à espérer; mais la douleur est avide de détails, elle y trouve des souvenirs, j'en demandai à mon ami; voici ce qu'il me raconta:

« J'avais vu passer un grand nombre des infortunés compris dans l'affreuse capitulation. Ils étaient, en général, fort mal gardés, mais se croyant tous liés par leur parole d'honneur, on les voyait, esclaves dévoués, suivre avec calme les pas de leurs bourreaux. J'avais pleuré sur leur sort que je prévoyais ; mais mes regrets, comme ceux de mes concitoyens, restaient dans le silence. Que peut la justice contre la force ! Absorbé par ces idées déchirantes, j'étais le soir devant ma porte, plongé dans une rêverie douloureuse. Un beau jeune homme, en uniforme, sans épée, se traînant à peine, m'aborde en me demandant avec politesse le chemin de la prison. Ce mot me fit tressaillir. « Monsieur, lui dis-je, il est bien tard, acceptez un meilleur asile pour cette nuit. — Volontiers, me répondit-il, je suis mort de fatigue. » Il entra donc chez moi. Il était pensif, mais la fatigue et sa position ne lui avaient rien ôté de cette politesse facile, de cette grâce aisée de la bonne compagnie; je le regardais ou plutôt je le contemplais avec le respect qu'inspirent le courage malheureux, et l'honneur et la loyauté.

« Puisque vous êtes assez bon pour me donner un asile, me dit-il, vous me permettrez, j'espère, d'en profiter pour écrire à quelques amis, si toutefois vous ne craignez pas d'être compromis. » Ma réponse le rassurant il me remercia avec cet air de gratitude si satisfaisant pour celui qui oblige. Il accepta quelques fruits; écrivit plusieurs lettres, les renferma dans son sein et se retira dans sa chambre avec la même sécurité, le même sang-froid qu'il avait toujours conservé, excepté pourtant quand il écrivait; car alors quelques larmes étaient tombées sur son papier. Le lendemain le jeune officier descend de bonne heure, me demande de nouveau la route de la prison. « Veuillez, lui dis-je, monsieur, permettre au plus tendre intérêt de vous donner un conseil. Personne ne vous a vu entrer chez moi, vous serez inconnu et ignoré; restez-y, je vous supplie, jusques au moment où les événemens vous permettront de prendre un parti. Il court des bruits effrayans sur le sort des prisonniers. Epargnez un crime. » M. Edouard de S*** se jeta à mon cou : « Ah, mon ami! me dit-il, avec quel bonheur j'accepterais votre offre généreuse si j'en étais le maître! mais je ne le puis, j'ai donné ma parole(1).

(1) M. Duminihy, maintenant sous-préfet à Parthenay, volontaire alors dans le régiment de Périgord, et fait prisonnier à Quiberon, m'a répété que plusieurs fois les soldats qui le conduisaient dans les prisons de Vannes lui avaient dit : *Poussez-*

» En vain je voulus combattre ce raisonnement, il me fut impossible de le déterminer. « Tenez, reprit-il, voici deux lettres que je confie à votre amitié; l'une, avec ce paquet, est pour l'Angleterre, l'autre pour l'Espagne; elles sont pour deux personnes qui me sont bien chères. Si vous apprenez ma mort, envoyez-les, mais par des occasions bien sûres. » Comme il finissait ces mots, un tambour se

moi donc, je tomberai et vous vous sauverez. Sa parole le retint.

Mis en prison *au Père-Éternel*, à Vannes, il se sauva par miracle... Il était tenté de s'en excuser !..

(*Fait historique.*)

fit entendre. Il marchait devant un détachement qui conduisait des émigrés à la prison. Il voulut sortir pour aller les rejoindre. Je me jetai à ses genoux : « Au nom de tout ce qui vous est cher, lui dis-je.... — Mon ami, s'écria-t-il en me serrant la main avec force..... » Puis se hâtant de sortir, « mon ami, et ma parole ! »

« Il rejoignit ses camarades. Le lendemain j'allais le voir ; il sortait, avec ses compagnons, attaché à un homme de son âge ; il marchait avec fermeté, il me fit un signe d'amitié et de souvenir, leva les yeux vers le ciel.... Une heure après il n'était plus.

» Vous jugez bien, monsieur, continua le curé, en s'adressant à M. de Valcourt, dans quelle douleur je fus plongé en entendant ce récit. Mon trouble et mon désespoir frappèrent celui qui venait de me l'adresser. Il me laissa pleurer, et, pendant ce temps, s'informant à l'ami qui m'avait mené chez lui, il sut qui j'étais. Il me demanda alors si, dans ma correspondance avec Édouard, je n'avais pas un nom supposé, et quel il pouvait être. Dès que je l'en eus instruit, il me dit que, ne trouvant pas d'occasion sûre pour l'Espagne, il avait gardé la lettre qu'il devait y envoyer;

que celle qui était pour l'Angleterre était partie. Il me remit donc celle qui m'était destinée. Alors je quittai cet honnête dépositaire et me retirai promptement pour lire ce dernier témoignage de l'amitié du malheureux Édouard.

» Voilà cette lettre, ajouta le curé fondant en larmes :

« Mon ami,

» Quand vous recevrez cette lettre
« je n'existerai plus, j'aurai disparu
» de ce monde où j'espérais le bon-
» heur, et j'aurai péri sur le rivage
» de mon pays. J'ai bravé cent fois la

» mort sans en être effrayé, et pour-
» tant je me sens ému. La certitude
» d'être à jamais séparé de tout ce qui
» m'est cher rend mon âme plus fai-
» ble. L'idée de ma Pauline, de ma
» bien-aimée Pauline, vient déchirer
» mon cœur. J'ai laissé Théodore
» près d'elle; il adoucira, je l'es-
» père, l'horreur du moment où elle
» apprendra que je ne suis plus. Fi-
» dèle à ma parole, je suis forcé de
» me rendre en prison; je suis libre
» encore : mais j'ai promis, et ce
» n'est point au moment suprême
» que, pour la première fois, je faus-
» serai mon serment. Je vous prie,

» dès qu'il vous sera possible, allez
» trouver Pauline; tâchez d'adoucir
» ses chagrins. Veillez sur mon Théo-
» dore et priez pour votre ami. »

Les larmes du bon curé avaient presque effacé ces derniers mots.... Elles recommencèrent à couler en lisant cette lettre, et ce ne fut qu'au bout de quelques instans qu'il reprit ainsi son discours :

» Je restai quelque temps caché chez mon ami. Il était impossible de songer à quitter le pays dans ce moment. Je ne recevais pas de nouvelles d'Angleterre et j'avais besoin d'en avoir. Je savais qu'il existait des êtres qui avaient été chers à Édouard, qui le pleuraient comme moi, avec lesquels j'aurais voulu être pour parler de lui et pleurer avec eux. Obligé de rester à Auray, j'y trouvai cette discrète hospitalité de tous ses bons habitans. Peu à peu je me hasardai de sortir avec mon ami, et un jour je l'accompagnai hors la ville. Nous arrivâmes à cette prairie fatale où vous nous trouvâtes hier. « Vous avez voulu voir ce lieu, me dit mon guide, mais armez-vous de courage. Songez que trop d'émotion nous trahirait. — Soyez tranquille, lui répondis-je, je sais souffrir et me taire : de grâce, tâchez de m'indiquer...» Mes larmes me coupaient la voix.... Il me pressa contre lui.... «Mon ami, me dit-il doucement, voyez ce tertre peu éloigné.... c'est là qu'ils sont restés... et là, près du grand châtaignier, fut enseveli le jeune Édouard. Des paysans chargés de ce triste soin l'y déposèrent à ma prière.... Mais quittons ces lieux, on nous observe peut-être. » J'y reviendrai dans des temps plus tranquilles, lui dis-je. Puis nous nous retirâmes en silence. Quelquefois, dans le calme des nuits, je me rendais à la prairie. La vue du grand arbre me guidait dans ma marche.

J'avais la triste consolation d'aller pleurer sur la tombe de mon ami; mais je ne pouvais passer en Angleterre et rejoindre les siens, et toute communication était impossible. Plusieurs mois s'étaient déjà passés dans cette douloureuse anxiété à laquelle je ne voyais pas de terme prochain. Le pays était devenu plus calme, et je pouvais aller plus souvent prier près du tombeau d'Édouard. Un soir, en arrivant à la prairie, je crus voir une ombre fugitive errant sur sa tombe. Je pensai que mon imagination sans doute exaltée, seule avait pu créer un tel fantôme... J'employai toute ma raison pour me convaincre de délire ; mais en approchant davantage, il ne me fut plus possible de douter ; je vis bien distinctement une femme à genoux sous le grand châtaignier. Un voile couvrait ses épaules et une partie de sa chevelure, fort en désordre, autant que je pus le distinguer à cette heure. Elle m'entendit, se leva promptement et se retira. Un jeune homme s'approcha d'elle, lui donna le bras et je les perdis de vue dans l'ombre.

» Cette apparition m'avait troublé, j'en conviens, et ma prière y perdit de sa ferveur. Il me semblait qu'un poids nouveau oppressait mon cœur ; j'ignorais quel pouvait être le motif de ce trouble, et plus je cherchais à le pénétrer, plus il semblait augmenter. Je ne doutais pas que cette femme ne pleurât quelqu'infortunée victime comme Édouard. J'aurais voulu pouvoir lui dire : joignons nos prières comme la mort a réuni ceux que nous pleurons. Cette idée de consoler peut-être, au moins de trouver un être malheureux dont les regrets partant de la même cause étaient en tout conformes aux miens, avait je ne sais quel charme touchant. Le lendemain je revins à la même heure. Au moment où j'arrivais dans la prairie, la lune se dégageant de quelques nuages, éclaira toutes les tombes, et sur celle d'Édouard je vis la même inconnue, dans le même état de recueillement. J'approchai en silence, j'étais déjà près d'elle, elle m'aperçoit et s'écrie : Théodore, venez à moi, Théodore! En même temps, soit terreur, soit faiblesse, elle retomba sur le tertre. A son cri, un jeune homme, un enfant s'élance comme l'éclair, vient à elle, et tâchant de la ranimer : ma sœur, disait-il, ma sœur revenez à vous! Théodore est là, il est près de vous. Étranger, me dit-il avec l'air plus irrité que surpris, que voulez-vous? qui êtes vous? Mon enfant, lui répondis-je, calmez-vous, le champ de la mort n'est point celui de l'insulte; secourons votre sœur, je vous dirai après qui je suis. Je m'approchai de cette infortunée, j'avais des sels que je portais chez les malades que j'allais visiter en secret, je lui en fis respirer et elle revint à la vie, non pas à elle. Des sanglots, des mots interrompus s'échappaient de son sein involontairement. Je voulus l'écarter de la tombe, le jeune homme y mettait ses soins comme moi, et malgré sa douleur profonde, malgré les larmes qui obscurcissaient sa vue, il secourut sa sœur avec un zèle, une intelligence qui m'auraient surpris, si je n'avais su qu'un sentiment profond développe toute l'énergie de l'âme. Ma sœur, disait-il, vivez, oh! vivez pour Théodore, vivez pour pleurer Édouard avec lui. A ce nom d'Édouard, la connaissance lui revint tout-à-fait, et je tombai à genoux, rendant grâces à Dieu qui la rendait à la vie et me faisait retrouver ceux qu'Édouard chérissait.

» Je m'approchai de Théodore et lui dis : « Cher Théodore, ah ! sans doute cette infortunée est la malheureuse Pauline ? — Qui m'appelle ? dit celle-ci d'une voix douloureuse. » J'allai vers elle. « Calmez-vous, madame, lui dis-je, au nom de celui que nous pleurons. » Théodore, qui depuis un moment me fixait avec incertitude, s'élance dans mes bras. « Ah ! je vous reconnais enfin, me dit-il ; ma sœur, chère Pauline, c'est M. le curé. — Est-ce bien lui ! reprit Pauline. O Providence ! c'est donc près des restes d'Édouard que tu rassembles tout ce qui lui fut cher ! » Théodore et moi étions étroitement embrassés, nous pleurions tous les deux, je l'appelais mon fils, je le pressais contre mon cœur, et j'approchai de Pauline. J'étais si ému, si attendri que je ne pus que prendre sa main dans les miennes en disant : chers, bien chers enfans!

» La soirée avançait : j'insistai pour que Pauline gagnât sa demeure, c'était celle d'un paysan ; grâce à la loyauté des bons Bretons pendant ces temps malheureux, chaque chaumière, pour ainsi dire, devint l'asile secret d'un proscrit. Quand elle y fut entrée, elle me raconta qu'arrivée en France depuis peu de jours, elle était parvenue près d'Auray avec un guide royaliste ; que là elle s'était informée du lieu du massacre, et que son conducteur l'avait menée chez un paysan que de bons habitans d'Auray avaient chargé d'enterrer quelques-unes des victimes de cette fatale journée. Sur le portrait qu'elle avait tracé d'Édouard, il le reconnut et indiqua la place où il était déposé. Vous comprenez sans doute, monsieur, ajoute le vieux pasteur, que ce récit fut souvent interrompu.

» Théodore avait alors quatorze ans; il me regardait avec cette curiosité naïve de l'enfance; il examinait tous mes traits et me pressait dans ses bras en me disant : mon bon ami, ah!

nous ne nous quitterons plus. Effectivement, à partir de ce jour, je revins chaque après-dîner la passer avec eux, et chaque soir nous allions ensemble au Champ des Martyrs. Deux mois à peine étaient écoulés que je les établis à Auray, et là je pus m'occuper de finir l'éducation de Théodore, ou plutôt de suivre ses progrès en admirant l'ouvrage de Pauline, car Théodore était son ouvrage.

» Je m'attachai de plus en plus à cette femme intéressante. Ses regrets étaient si touchans! ils avaient ce mélange de douceur et d'amertume que les femmes seules peuvent allier. Elle parlait d'Édouard avec un accent si triste ! Elle versait souvent des larmes, mais elles coulaient sans efforts sur son beau visage. Chaque jour sa douleur devenait résignation. Ses couleurs se fanaient ; son teint, animé quand elle était arrivée en France, par les divers sentimens qui agitaient son cœur, pâlissait sensiblement à mesure qu'elle se calmait. Rien n'altérait plus son inexprimable douceur. Elle suivait tranquillement sa carrière, semblable à ces ruisseaux qui coulent lentement et qui bientôt vont tarir avec la source qui les alimente. Les soins que Théodore prenait d'elle, ne pouvaient être égalés que par l'attachement pur et tendre qu'elle lui portait. « C'est le frère de mon Édouard, me disait-elle un jour. M. le curé, quoique bien jeune encore je le regardais comme mon fils. Si je succombe, car je souffre beaucoup, promettez-moi, oh! promettez à l'amie d'Édouard de servir de père, de consolateur et d'appui à son jeune frère. Il sera bien malheureux s'il me perd. Son jeune cœur a pris, je le crains, un peu d'exaltation. Je sens qu'une femme profondément émue, en élevant un enfant porte peut-être à l'extrême sa sensibilité. M. le curé, pour le bonheur de Théodore, tâchez de la réprimer, si je succombe. — Madame, lui dis-je... — Appellez-moi Pauline, me dit-elle. — Eh bien, Pauline, au nom du Dieu que vous adorez, au nom de l'ami que vous pleurez, bannissez ces idées douloureuses; votre vie nous est nécessaire à tous et vous la conserverez. » Elle ne répondit point. Un doux sourire parut sur son visage, jamais sourire ne fit une pareille impression. Je crus voir un ange rempli de l'idée du bonheur qui l'attendait dans une meilleure patrie. Mais je renfermai toutes mes émotions. Cependant chaque jour enlevait des forces à l'infortunée et je la voyais s'éteindre peu-à-peu.

» Ce fut vers ce temps qu'il fut permis aux prêtres de reprendre leurs anciennes fonctions. J'acceptai la cure de cette paroisse : ce fut un bonheur pour moi. J'espérais que l'air de la campagne ferait du bien à Pauline. Elle vint avec son frère s'établir dans ma chaumière. J'obtins, à force de démarches et par le crédit de quelques amis, la restitution d'une partie des biens non vendus de Théodore, aussi ils furent à l'abri du besoin ; mais

Pauline avançait chaque jour vers la fin de sa vie. L'année entière s'écoula pourtant. Pendant ce temps les affaires de Théodore s'arrangèrent d'une manière encore plus satisfaisante. Le jour où je reçus la nouvelle positive de sa rentrée dans toute sa fortune, Pauline, après le dîner, engagea Théodore à sortir, en lui disant qu'elle se sentait mieux et voulait qu'il prît l'air. Quand elle fut seule, elle m'appela et me dit : « M. le curé, je succombe à la maladie qui m'accable et je sens que je jouis peut-être en ce moment d'un reste de force. J'en ai profité cette nuit pour faire des dispositions dernières; il m'est impossible d'écrire, je vais vous les dire. » Je voulus la prier de cesser. « Ne m'interrompez pas, me dit-elle, les instans me sont chers... » Je fondais en larmes. « Mon respectable ami, me dit-elle, ne me pleurez pas, je vais le rejoindre. » Une sérénité angélique se peignait sur son visage.

» J'exige de vous, ajouta-t-elle, que vous preniez soin de Théodore; je connais son cœur, M. le curé; je l'ai formé, il pardonnera, je l'espère; dites-lui qu'à mon dernier moment j'imite Edouard, la haine disparaît de mon cœur. Je réclame encore de vous que vous bénissiez la tombe d'Edouard et que vous y déposiez mes tristes restes quand je ne serai plus. Voici les diamans de sa mère ; gardez-les, et quand vous marierez Théodore, donnez-les à celle qu'il épousera. Que du sein de la tombe nous soyons encore aimables pour celle qui se chargera du bonheur de mon frère. Ma fortune est anéantie ; voilà pourtant le reste de quelques épargnes que j'ai faites sur le produit de mes ouvrages et sur la vente de quelques tableaux. Je le destinais à Théodore, s'il ne recouvrait rien ; il est assez riche maintenant pour s'en passer, employez-le en fondations pieuses pour les compagnons d'Édouard. » Alors me pressant la main... « M. le curé, priez pour moi, la force me manque.....» Théodore rentrait ; elle l'appelle : « Cher Théodore,.... je vais vous quitter... je vais rejoindre votre frère, je vous laisse un ami. Je vous aimai jusqu'au tombeau, et quitter le frère d'Édouard est mon dernier regret...» Ses yeux se fermèrent; elle éleva les bras. « Priez tous deux pour moi, dit-elle... » Elle cessa d'exister. Les larmes coulaient le long des joues du respectable pasteur. Pourtant, revenant à lui : « Rien, dit-il, ne peut se comparer à la douleur de Théodore. Depuis deux ans elle n'a rien perdu de sa force. Il va tous les jours prier sur le tombeau de ses malheureux parens. Souvent il y porte des fleurs, suivant l'usage du pays où il fut élevé. Lui-même a gravé sur la pierre tombale, qu'on n'a pas encore permis de placer, cette inscription touchante :

REQUIESCES,
ET NON ERIT QUI TE EXTERREAT,
ET DEPRECABUNTUR
ANTÈ FACIEM TUAM PLURIMI.

JOB, chap. XI, v. 19.

VOUS REPOSEREZ EN PAIX ;

LA, PERSONNE NE VOUS TROUBLERA,

ET PLUSIEURS VIENDRONT PRIER SUR VOTRE TOMBE.

Théodore revenait en ce moment, M. de Valcourt fut à lui, et, l'embrassant avec tendresse : « Infortuné, lui dit-il, ayez pour moi quelque amitié, j'en suis digne; elle fera peut-être du bien à votre cœur; je vais passer quelque temps dans les environs de ce pays, permettez-moi de venir vous voir. Puissent mes soins vous être utiles! » Théodore ne répondit que par un serrement de main.

M. de Valcourt prit bientôt congé de ses nouveaux amis, à qui, depuis ce jour, il va souvent faire de longues visites qui ont au moins le pouvoir de distraire Théodore, mais sans avoir celui de le consoler.

FIN.

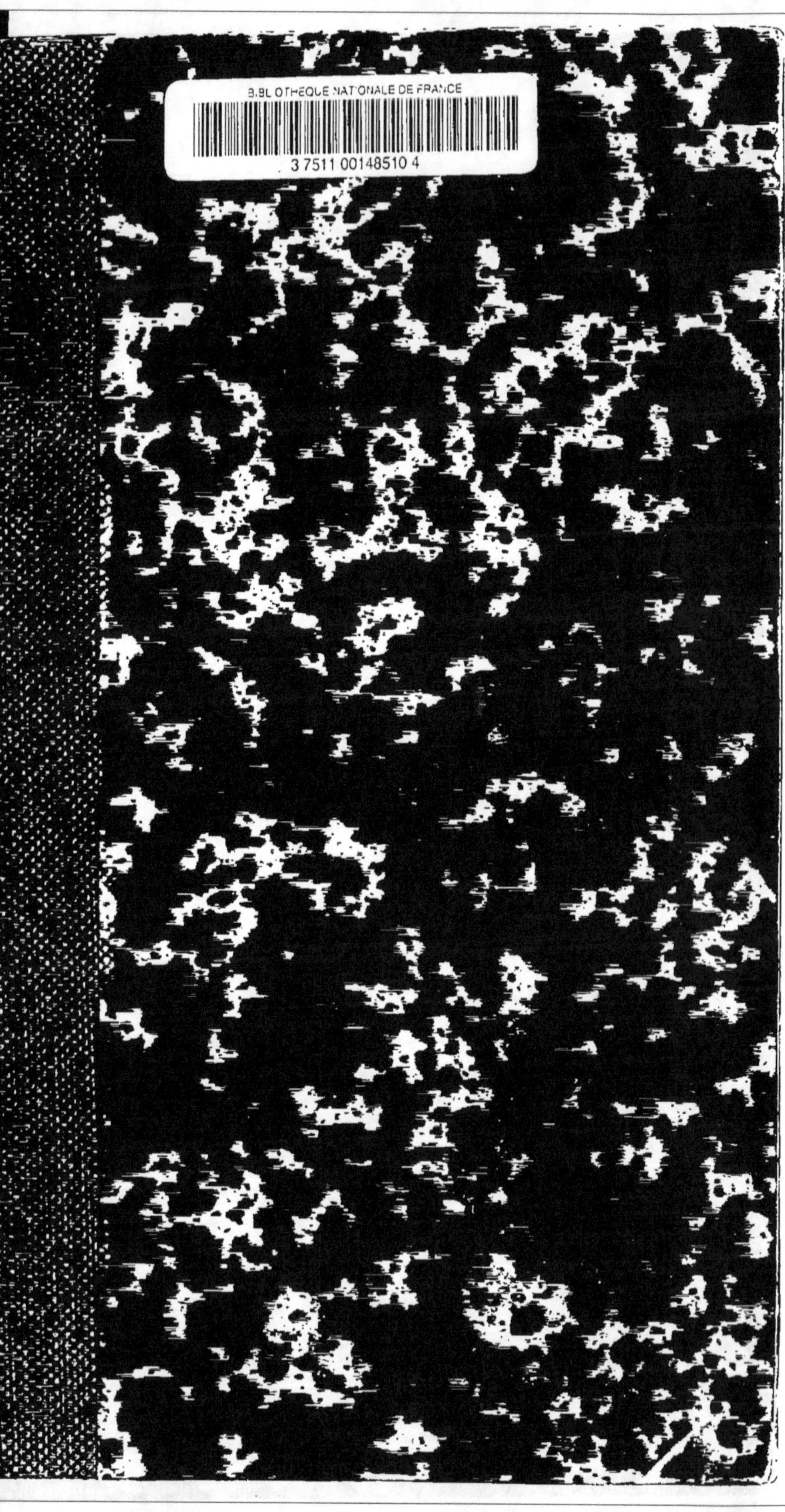
BIBLIOTHEQUE NATIONALE DE FRANCE
3 7511 00148510 4

www.ingramcontent.com/pod-product-compliance
Lightning Source LLC
LaVergne TN
LVHW020355230826
846091LV00003B/1109

* 9 7 8 2 0 1 3 6 5 2 8 9 6 *